www.ingramcontent.com/pod-product-compliance
Lightning Source LLC
Chambersburg PA
CBHW072219170526
45158CB00002BA/664
* 9 7 8 1 0 8 1 5 2 2 5 6 8 *